Impressum
Verlag: BABADADA GmbH, Nedderfeld 112 , 22529 Hamburg
Geschäftsführer / Verlagsleitung: Harald Hof
Druck: Books on Demand GmbH, In de Tarpen 42, 22848 Norderstedt

Imprint
Publisher: BABADADA GmbH, Nedderfeld 112 , 22529 Hamburg, Germany
Managing Director / Publishing direction: Harald Hof
Print: Books on Demand GmbH, In de Tarpen 42, 22848 Norderstedt, Germany

escuela
de School

aula
de Klassenstuuv

dividir
delen

186/2

mesa
de Tafel

patio de escuela
de Schoolhoff

docente
de Schoolmeester

papel
dat Papeer

escribir
schrieven

bolígrafo
de Sticken

escritorio
de Schrievdisch

regla
dat Lienholt

libro
dat Book

alumno
de Schöler

mochila escolar

de Ranzel

caja de lápices

de Feddermapp

lápiz

de Bleesticken

sacapuntas

de Scharpmaker

goma de borrar

dat Radeergummi

bloc de dibujo

de Tekenblock

dibujo
de Teken

pincel
de Pinsel

caja de pinturas
de Malkassen

tijera
de Scheer

pegamento
de Klever

libro de ejercicios
dat Heft to'n Öven

tarea
de Huusopgaav

número
de Tall

sumar
tohooptellen

restar
aftrecken

multiplicar
malnehmen

calcular
reken

letra
de Bookstaav

alfabeto
dat ABC

palabra
dat Woort

texto
....
de Text

leer
....
lesen

tiza
....
de Kried

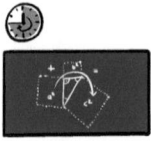

lección
....
de Stunn

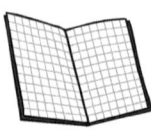

libro de clase
....
dat Klassenbook

examen
....
de Pröven

certificado
....
dat Tüügnis

uniforme escolar
....
de Schooluniform

educación
....
de Utbillen

enciclopedia
....
dat Nakieksel

universidad
....
de Universität

microscopio
....
dat Mikroskop

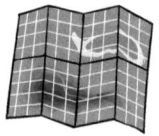

mapa
....
de Koort

cesto de papeles
....
de Papeerkorf

hotel
dat Hotel

Grand

albergue
de Harbarg

ROOMS

casa de cambio
de Wesselstuuv

EXCHANGE

maleta
de Kuffer

auto
dat Auto

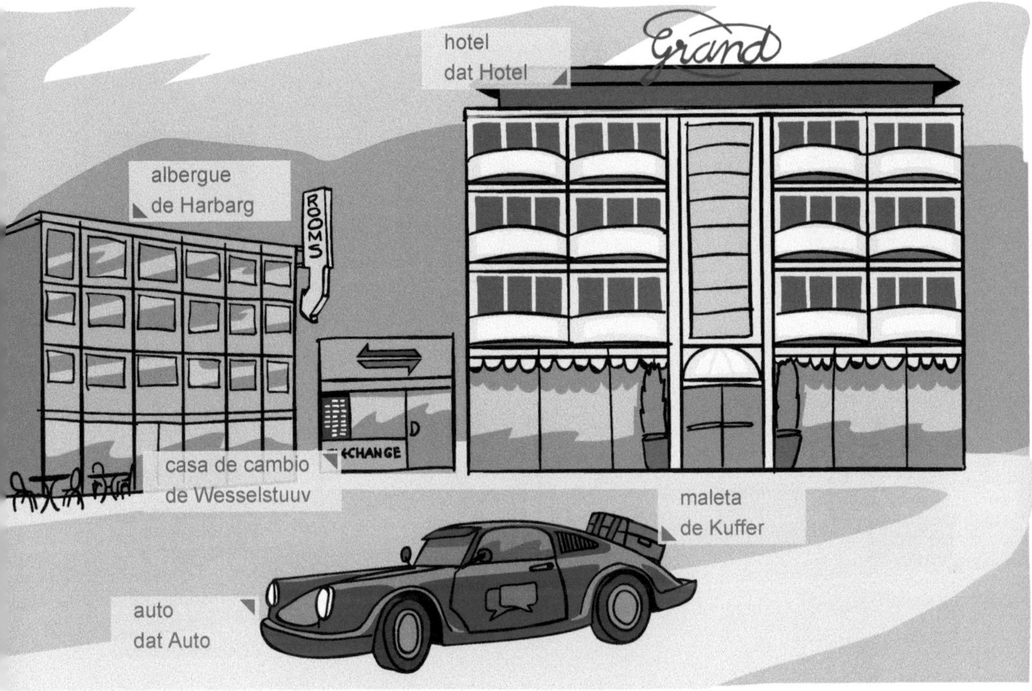

idioma

de Spraak

sí / no

jo / ne

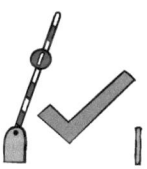

ok

Jo

hola

Moin

intérprete

de Översetter

gracias

Dank ok

¿Cuánto cuesta…?

Wat kost…?

No entiendo

Ik verstah nich

problema

dat Problem

¡Buenas tardes!

Goden Avend

¡Buenos días!

Moin!

¡Buenas noches!

Gode Nacht!

adiós

Tschüüs

dirección

de Richt

equipaje

de Bagaasch

bolso

de Tasch

mochila

de Rüchsack

invitado

de Gast

cuarto

de Stuuv

saco de dormir

de Slaapsack

tienda de campaña

dat Telt

información al turista
de Touristeninformatschoon

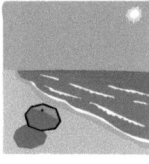

playa
de Strand

tarjeta de crédito
de Kreditkoort

desayuno
dat Fröhstück

almuerzo
dat Meddageten

cena
dat Avendeten

pasaje
de Fohrkort

ascensor
de Fohrstohl

sello
de Breefmark

límite
de Grenz

aduana
de Toll

embajada
de Bottschop

visa
dat Visum

pasaporte
de Pass

transporte

de Transport

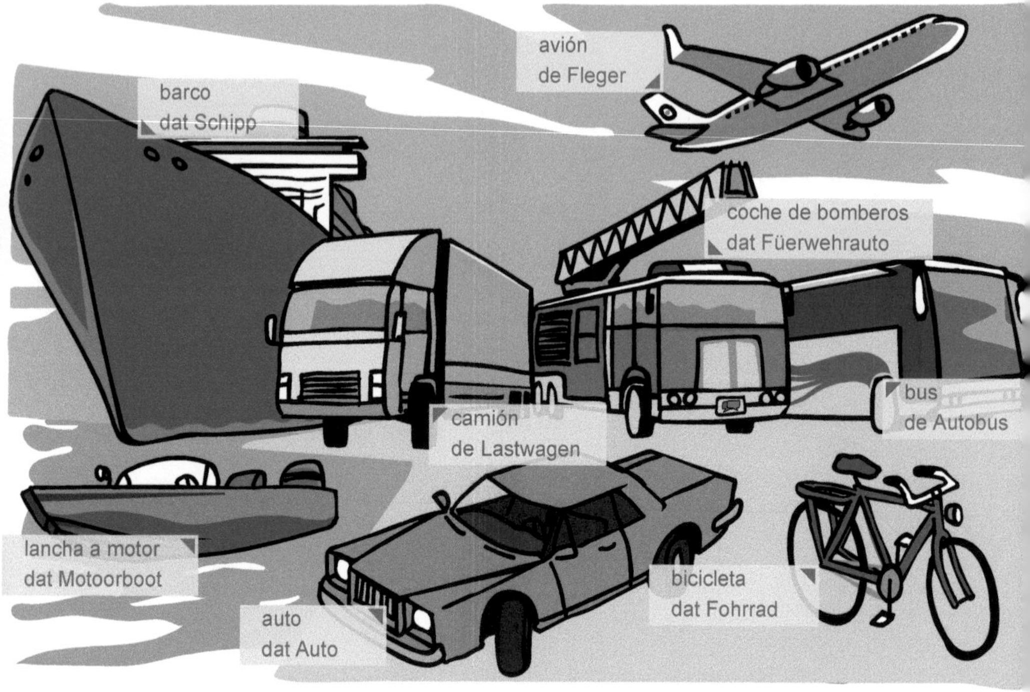

barco
dat Schipp
avión
de Fleger
coche de bomberos
dat Füerwehrauto
bus
de Autobus
camión
de Lastwagen
lancha a motor
dat Motoorboot
auto
dat Auto
bicicleta
dat Fohrrad

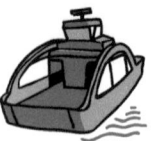

balsa

de Fähr

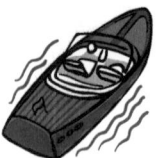

lancha

dat Boot

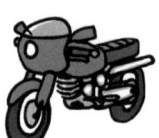

motocicleta

dat Motoorrad

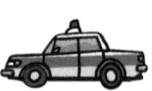

auto de policía

dat Polizeiauto

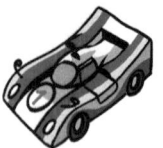

auto de carreras

dat Rönnauto

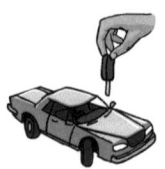

auto de alquiler

de Lehnwagen

alquiler de autos

dat Carsharing

grúa

de Afsleepwagen

vehículo recolector de basura

dat Müllauto

motor

de Motoor

gasolina

de Kraftstoff

gasolinera

de Tanksteed

señal de tráfico

dat Verkehrsschild

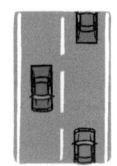

tránsito

de Verkehr

atasco

de Stau

estacionamiento

de Afstellplatz

estación de tren

de Bahnhoff

carril

de Sporen

tren

de Tog

tranvía

de Stratenbahn

vagón

de Wagon

helicóptero

de Dwarsmöhl

aeropuerto

de Flooghaven

torre

de Tower

pasajero

de Fohrgast

contenedor

de Grootkist

caja de cartón

de Karton

carro

de Koor

cesta

de Korf

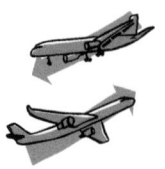

despegar / aterrizar

starten / lannen

ciudad

de Stadt

aldea

dat Dörp

centro de la ciudad

de Binnenstadt

casa

dat Huus

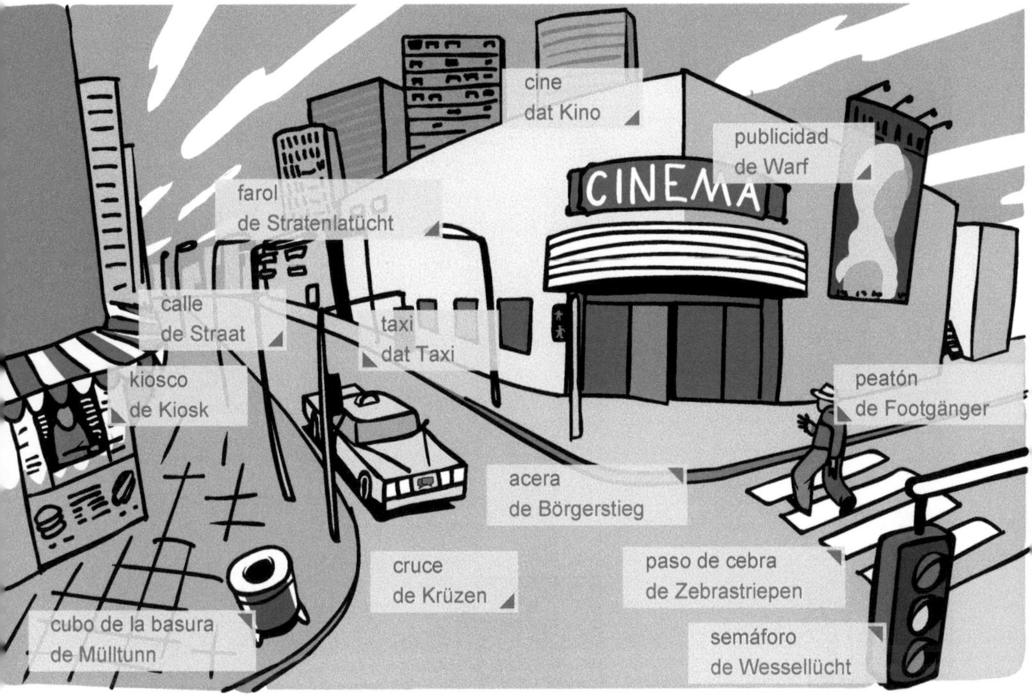

cine
dat Kino

publicidad
de Warf

farol
de Stratenlatücht

calle
de Straat

taxi
dat Taxi

kiosco
de Kiosk

peatón
de Footgänger

acera
de Börgerstieg

cruce
de Krüzen

paso de cebra
de Zebrastriepen

cubo de la basura
de Mülltunn

semáforo
de Wessellücht

CINEMA

cabaña
de Hütt

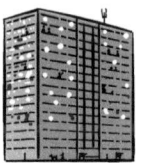

apartamento
de Wahnung

estación de tren
de Bahnhoff

ayuntamiento
dat Raathuus

museo
dat Museum

escuela
de School

ciudad - de Stadt

universidad

de Universität

banco

de Bank

hospital

dat Krankenhuus

hotel

dat Hotel

farmacia

de Afteek

oficina

dat Büro

librería

de Bookhökerie

negocio

de Hökerie

florería

de Blomenhökerie

supermercado

de Supermarkt

mercado

de Markt

grandes almacenes

dat Koophuus

pescadería

de Fischhökerie

centro comercial

dat Inkoopszentrum

puerto

de Haven

parque

de Parkanlaag

banco

de Bank

puente

de Brüch

escalera

de Trepp

metro

de Ünnergrundbahn

túnel

de Tunnel

parada de autobuses

de Busstoppsteed

bar

de Bar

restaurante

dat Spieslokal

buzón de correo

de Breefkassen

letrero

dat Stratenschild

parquímetro

de Parkklock

zoológico

de Deertenpark

piscina

de Baadanstalt

mezquita

de Moschee

granja

de Buernhoff

polución

de Ümweltversmudden

cementerio

de Karkhoff

iglesia

de Kark

parque infantil

de Speelplatz

templo

de Tempel

paisaje
de Landschop

hoja
dat Blatt

indicador de camino
de Wiespahl

sendero
de Weg

pradera
de Wisch

piedra
de Steen

árbol
de Boom

caminante
de Wannerer

río
de Fluss

pasto
dat Gras

flor
de Bloom

valle

dat Daal

montaña

de Barg

lago

de See

bosque

dat Holt

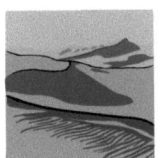

desierto

de Wööst

volcán

de Füerspien Barg

castillo

dat Slott

arco iris

de Regenbagen

seta

de Poggenstohl

palmera

de Palm

mosquito

de Steekmück

mosca

de Fleeg

hormiga

de Miegeemk

abeja

de Imm

araña

de Spinn

escarabajo

de Sebber

rana

de Pogg

ardilla

de Katteker

erizo

de Swienegel

liebre

de Haas

lechuza

de Uul

pájaro

de Vagel

cisne

de Swaan

jabalí

dat Wildswien

ciervo

de Hirsch

alce

de Elk

embalse

de Staudamm

aerogenerador

dat Windrad

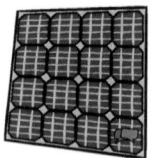

módulo solar

dat Solarmodul

clima

dat Klima

restaurante

dat Spieslokal

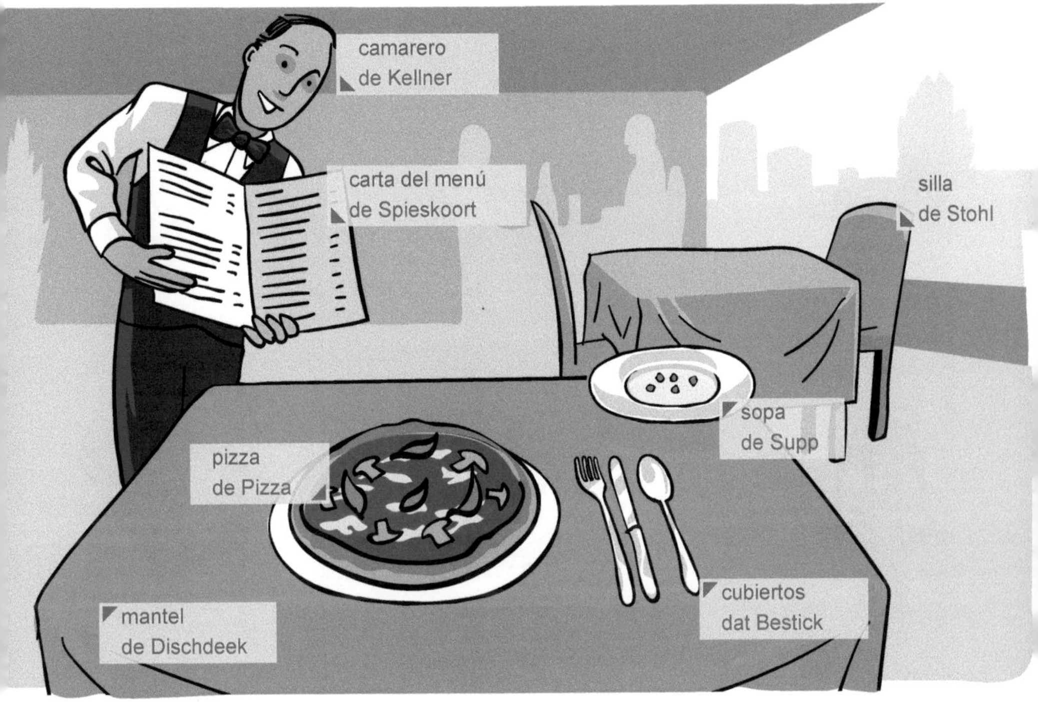
camarero
de Kellner
carta del menú
de Spieskoort
silla
de Stohl
sopa
de Supp
pizza
de Pizza
cubiertos
dat Bestick
mantel
de Dischdeek

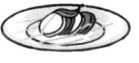

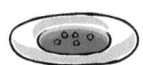

entrada
de Vörspies

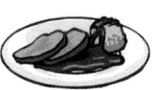

plato principal
dat Haupteten

postre
de Nadisch

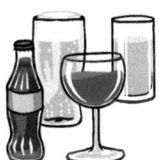

bebida
de Drünk

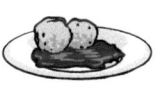

comida
dat Eten

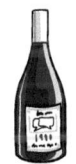

botella
de Buddel

comida rápida

dat Fastfood

comida callejera

dat Strateneten

tetera

de Teekann

azucarera

de Zuckerdoos

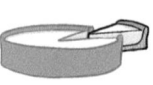

porción

de Portschoon

máquina de espresso

de Espressomaschien

silla alta

de Hoochstohl

factura

de Reken

bandeja

dat Tablett

cuchillo

dat Mess

tenedor

de Gavel

cuchara

de Lepel

cuchara de té

de Teelepel

servilleta

dat Munddook

vaso

dat Glas

plato
de Töller

plato de sopa
de Suppentöller

platillo
de Ünnertass

salsa
de Sooß

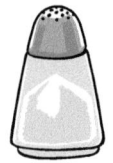

salero
de Soltstreuer

molinillo para pimienta
de Pepermöhl

vinagre
de Etig

aceite
dat Ööl

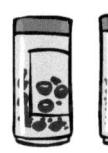

especias
de Krüder

ketchup
de Ketchup

mostaza
de Mostrich

mayonesa
de Mayonnaise

supermercado

de Supermarkt

oferta
dat Anbott
cliente
de Kunn
productos lácteos
de Melkprodukten
FOR
fruta
dat Aaft
carrito de compras
de Inkoopswagen

BUTCHERS

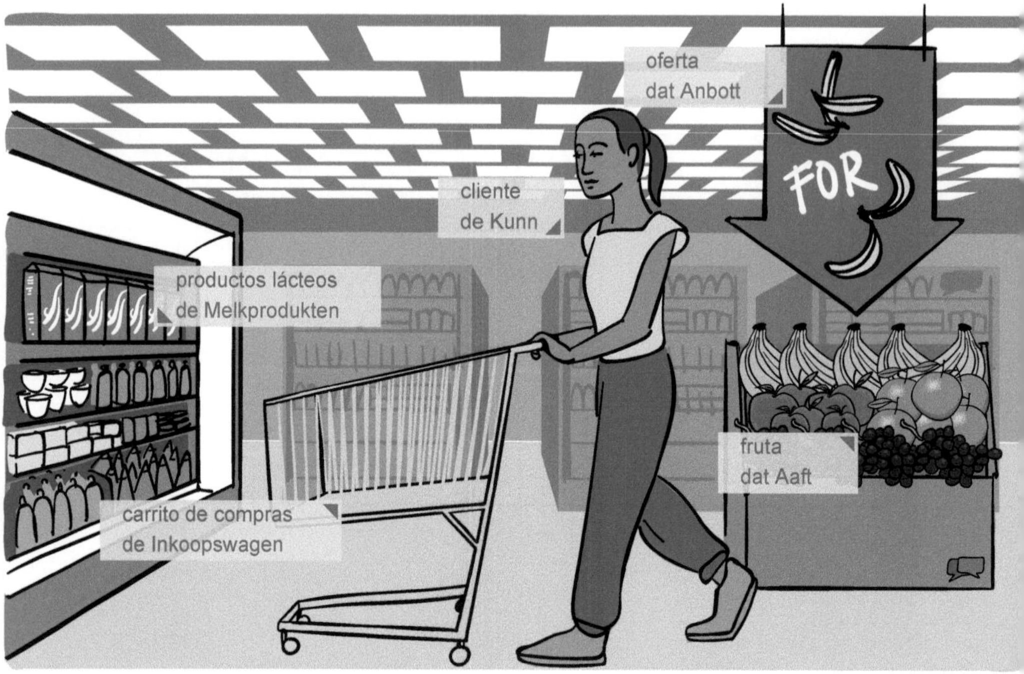

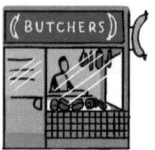

carnicería

de Slachterie

BAKERY

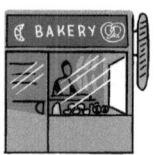

panadería

de Bäckerie

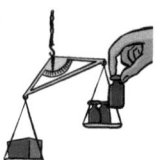

pesar

wegen

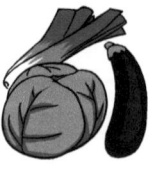

verdura

de Gröönsaken

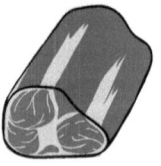

carne

dat Fleesch

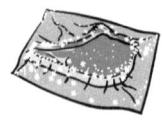

alimentos congelados

de Deepköhlkost

fiambre

de Opsnitt

conservas

de Konserven

detergente en polvo

de Waschmiddel

dulces

de Snoopkraam

artículos domésticos

de Huushooltssaken

productos de limpieza

de Reinmaaktüüch

vendedora

de Verköpersche

caja

de Kass

cajero

de Kasserer

lista de compras

de Inkoopslist

horario de atención

de Opsparrtieden

cartera

de Breeftasch

tarjeta de crédito

de Kreditkoort

maleta

de Tasch

bolsa plástica

de Plastiktüüt

bebida
de Drünk

agua

dat Water

jugo

de Saft

leche

de Melk

refresco de cola

de Cola

vino

de Wien

cerveza

dat Beer

alcohol

de Spriet

cacao

de Kakao

té

de Tee

café

de Koffie

espresso

de Espresso

cappuccino

de Cappucino

banana

de Banaan

manzana

de Appel

naranja

de Appelsien

sandía

de Meloon

limón

de Zitroon

zanahoria

de Wöttel

ajo

de Knuuvlook

bambú

de Bambus

cebolla

de Zibbel

seta

de Poggenstohl

nueces

de Nööt

fideos

de Nudeln

espagueti

de Spaghetti

arroz

de Ries

ensalada

de Salat

patatas fritas

de Pommes frites

patatas salteadas

de Braadkantüffeln

pizza

de Pizza

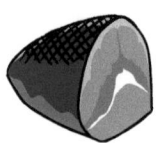

hamburguesa

de Hamborger

sándwich

dat Sandwich

escalope

dat Snitzel

jamón

de Schinken

salame

de Salami

embutido

de Wust

pollo

dat Hohn

asado

de Braden

pescado

de Fisch

copos de avena

de Haverflocken

musli

dat Müsli

copos de maíz tostado

de Cornflakes

harina

dat Mehl

croissant

de Croissant

panecillo

dat Rundstück

pan

dat Broot

tostada

dat Toast

galletas

de Keksen

mantequilla

de Botter

cuajada

de Quark

pastel

de Koken

huevo

dat Ei

huevo frito

dat Spegelei

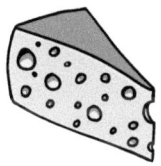

queso

de Kees

helado
de Ies

azúcar
de Zucker

miel
de Honnig

mermelada
de Marmelaad

praliné
de Nougat-Creme

curry
dat Curry

granja
de Buernhoff

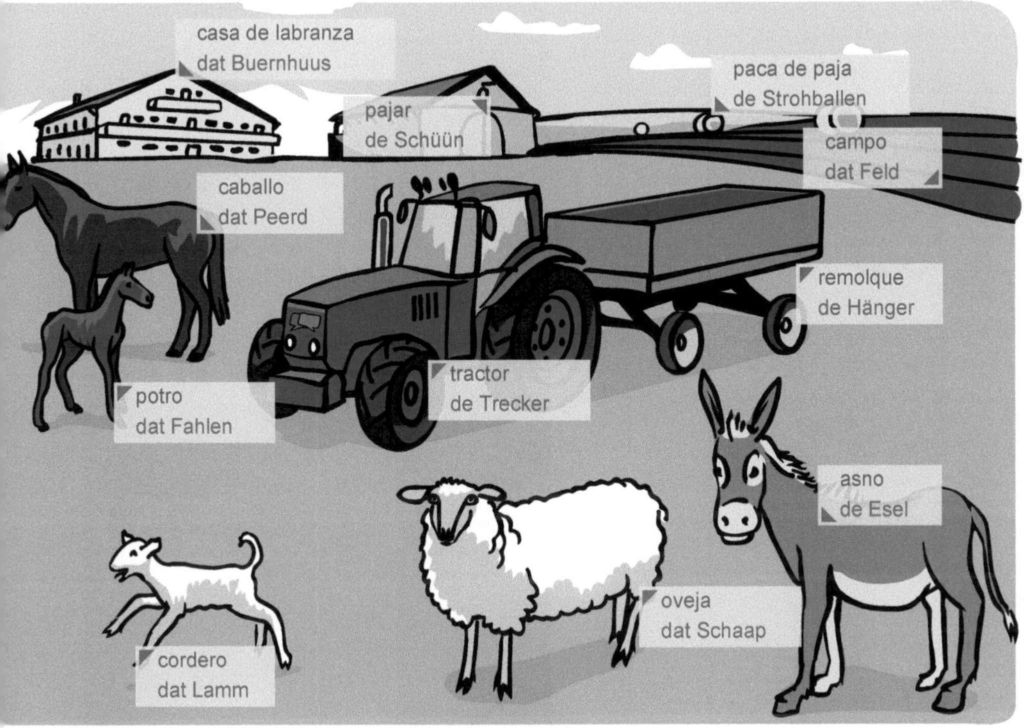

casa de labranza
dat Buernhuus
pajar
de Schüün
paca de paja
de Strohballen
campo
dat Feld
caballo
dat Peerd
remolque
de Hänger
tractor
de Trecker
potro
dat Fahlen
asno
de Esel
oveja
dat Schaap
cordero
dat Lamm

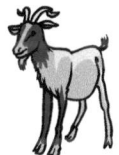

cabra

de Zeeg

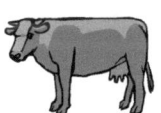

vaca

de Koh

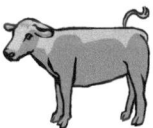

ternero

dat Kalf

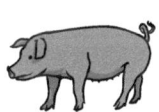

cerdo

dat Swien

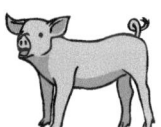

lechón

dat Farken

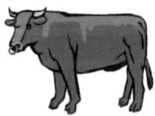

toro

de Bull

ganso

de Goos

pato

de Aant

polluelo

dat Küken

pollo

dat Hohn

gallo

de Hahn

rata

de Rott

gato

de Katt

ratón

de Muus

buey

de Oss

perro

de Hund

caseta del perro

de Hunnenhütt

manguera de riego

de Goornslauch

regadera

de Geetkann

guadaña

de Lee

arado

de Ploog

hoz

de Sich

azada

de Hack

bieldo

de Mestfork

hacha

de Ext

carretilla

de Schuufkoor

abrevadero

de Trog

lechera

de Melkkann

saco

de Sack

cerca

de Tuun

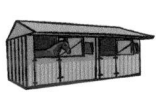

establo

de Stall

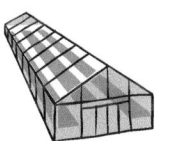

invernadero

dat Drievhuus

suelo

de Bodden

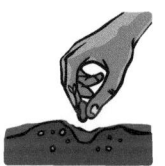

semilla

de Saat

fertilizante

de Dünger

cosechadora

de Meihdöscher

cosechar

oornen

cosecha

de Oorn

raíz de ñame

de Yamswöttel

trigo

de Weten

soja

dat Soja

patata

de Kantüffel

maíz

de Törksche Weten

colza

de Rapp

Árbol frutal

de Aaftboom

mandioca

de Troopsch Kantüffel

cereales

dat Koorn

casa
dat Huus

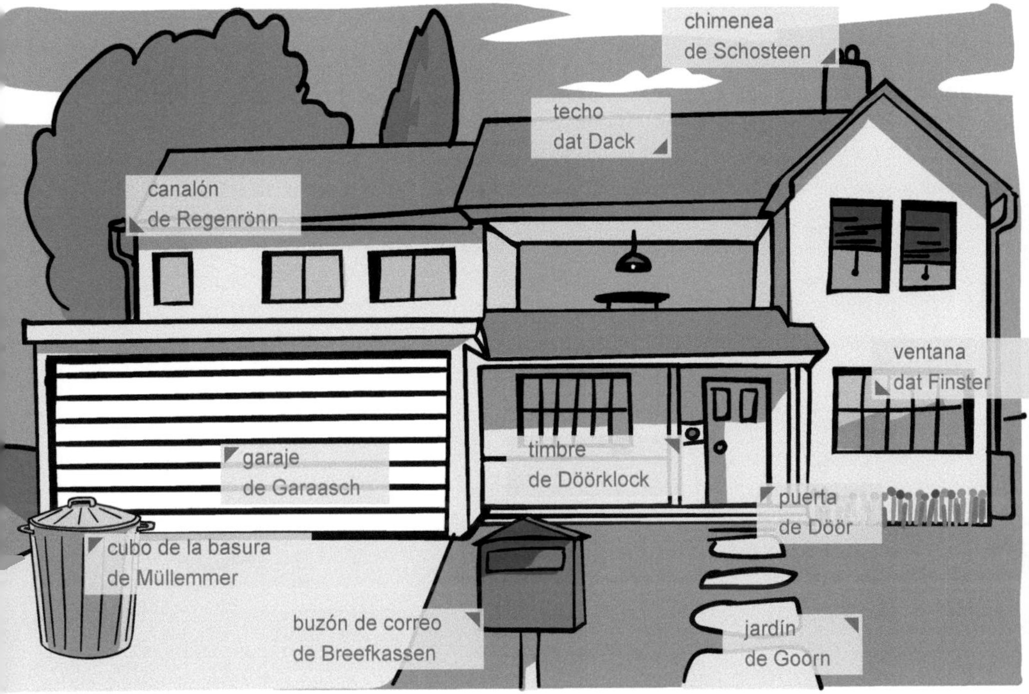
chimenea
de Schosteen
techo
dat Dack
canalón
de Regenrönn
ventana
dat Finster
garaje
de Garaasch
timbre
de Döörklock
puerta
de Döör
cubo de la basura
de Müllemmer
buzón de correo
de Breefkassen
jardín
de Goorn

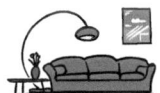

cuarto de estar

de Wahnstuuv

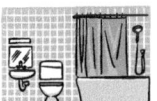

cuarto de baño

de Baadstuuv

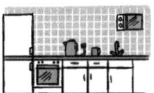

cocina

de Köök

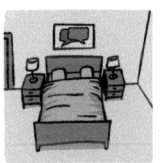

dormitorio

de Slaapstuuv

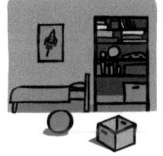

cuarto de los niños

de Kinnerstuuv

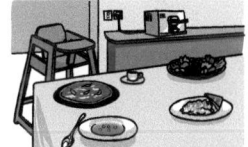

comedor

de Eetstuuv

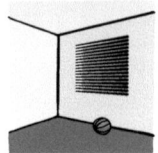

piso
de Footbodden

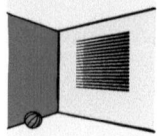

pared
de Wand

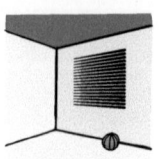

cielorraso
de Deek

sótano
de Keller

sauna
dat Hittluftbad

balcón
de Balkon

terraza
de Terrass

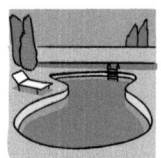

piscina
dat Swümmbad

cortacésped
de Rasenmeiher

funda nórdica
de Bettbetog

edredón
de Bettdeek

cama
de Puuch

escoba
de Bessen

cubo
de Emmer

interruptor
de Schalter

cuarto de estar
de Wahnstuuv

papel para empapelar
de Tapeet
imagen
dat Bild
lámpara
de Lamp
estante
dat Regal
gabinete
dat Schapp
televisor
de Kiekkassen
hogar
de Kamin
flor
de Bloom
cojín
dat Küssen
sofá
dat Sofa
florero
de Vaas
control remoto
de Feernbedenen

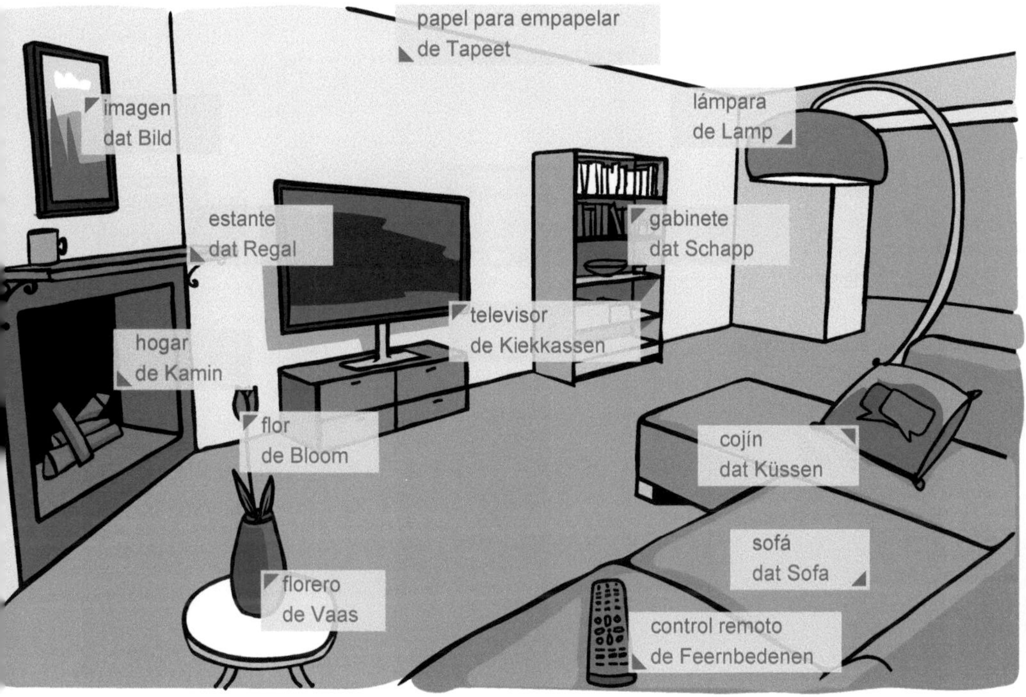

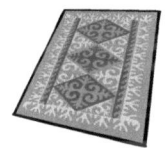

alfombra
de Teppich

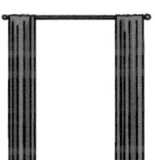

cortina
de Vörhang

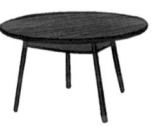

mesa
de Disch

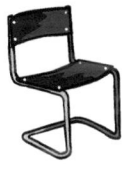

silla
de Stohl

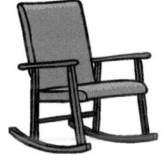

mecedora
de Schuckelstohl

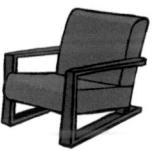

sillón
de Sessel

libro

dat Book

frazada

de Deek

decoración

de Dekoratschoon

leña

dat Füerholt

film

de Film

equipo estereofónico

de Stereoanlaag

llave

de Slötel

periódico

dat Narichtenblatt

cuadro

dat Gemälde

póster

dat Poster

radio

dat Radio

bloc de notas

de Opschrievblock

aspiradora

de Huulbessen

cactus

de Kaktus

vela

de Kars

cocina
de Köök

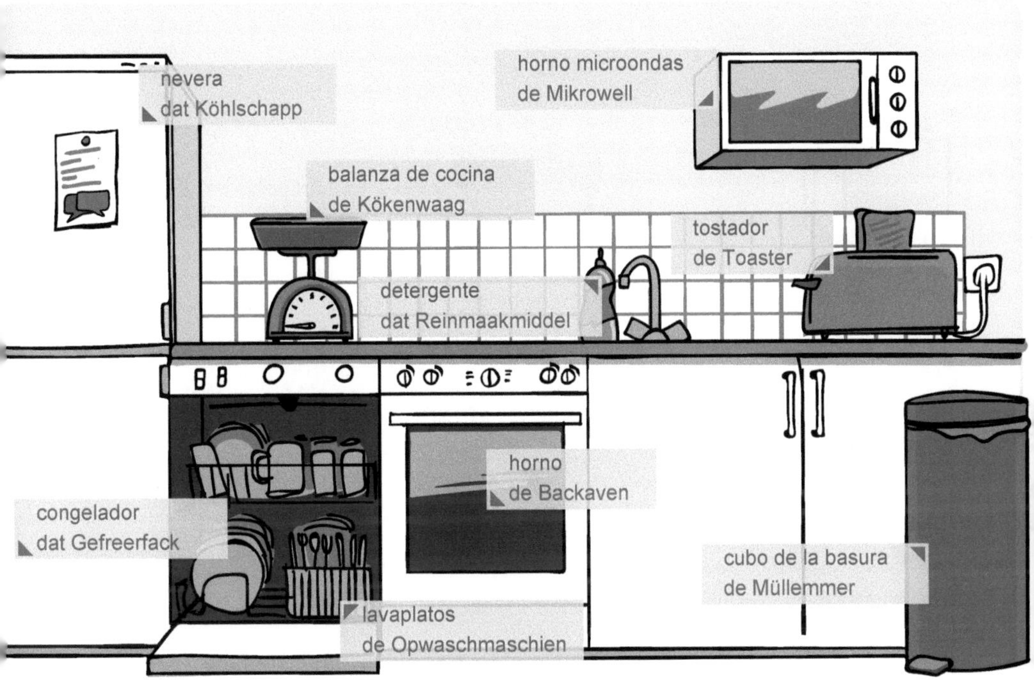
horno microondas
de Mikrowell
nevera
dat Köhlschapp
balanza de cocina
de Kökenwaag
tostador
de Toaster
detergente
dat Reinmaakmiddel
horno
de Backaven
congelador
dat Gefreerfack
cubo de la basura
de Müllemmer
lavaplatos
de Opwaschmaschien

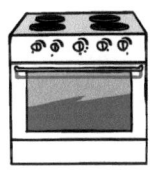

cocina
de Heerd

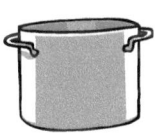

olla
de Pott

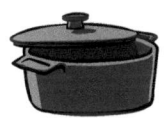

olla de fundición de hierro
de Gussiesern Putt

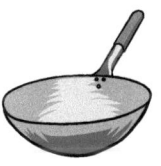

wok / kadai
de Wok / Kadai

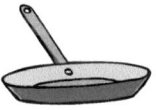

sartén
de Pann

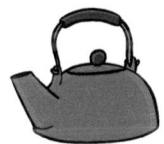

hervidor de agua
de Waterkaker

olla de vapor

de Dampkaakputt

bandeja de horno

dat Backblick

vajilla

dat Geschirr

vaso

de Beker

bol

de Schaal

palillos para comer

de Eetsticken

cucharón de sopa

de Suppenkell

espátula

de Pannenwenner

batidor

de Sneebessen

colador

dat Kaakseef

cedazo

dat Seef

rallador

de Riev

mortero

de Mörser

parrillada

de Grill

fogata

de Füerstell

tabla de picar

dat Sniedbrett

rodillo

dat Nudelholt

sacacorchos

de Proppentrecker

lata

de Doos

abrelatas

de Dosenaapner

agarrador

de Pottlappen

fregadero

dat Waschbecken

cepillo

de Böst

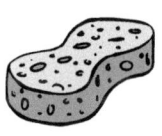

esponja

de Swamm

batidora

de Mixer

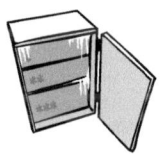

arcón congelador

dat lesschapp

biberón

de Nuckelbuddel

grifo

de Waterhahn

cuarto de baño

de Baadstuuv

calefacción
de Heizung
ducha
de Bruus
toalla
dat Handdook
cortina para ducha
de Bruusvörhang
baño de espuma
dat Schuumbad
bañera
de Baadwann
vaso
dat Glas
lavadora
de Waschmaschien
grifo
de Waterhahn
baldosa
de Fliesen
orinal
de lütte Putt
fregadero
dat Waschbecken

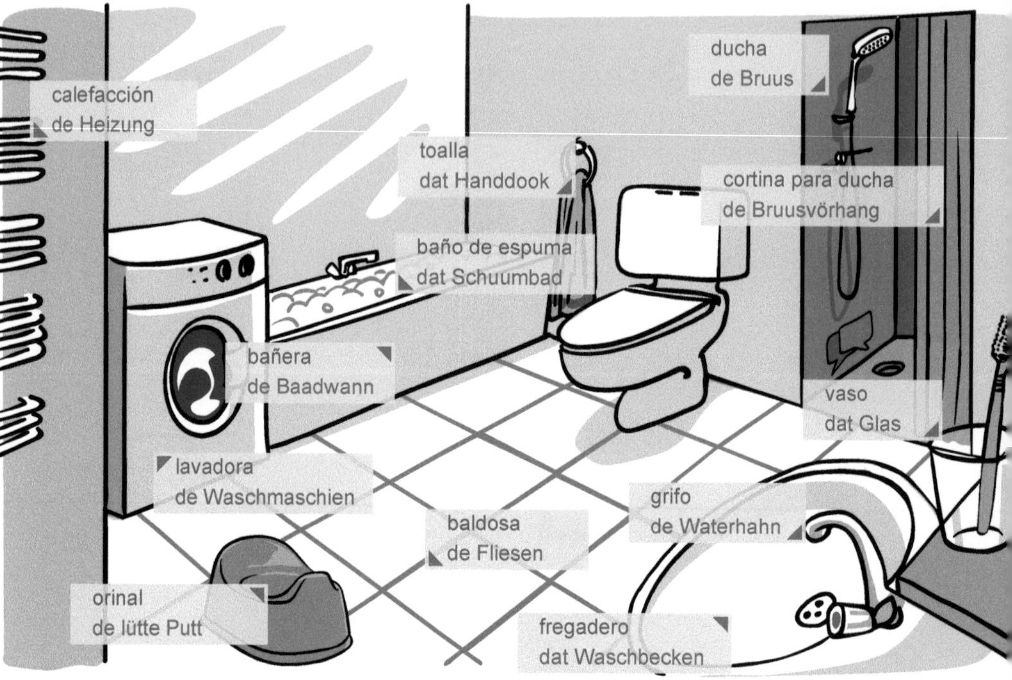

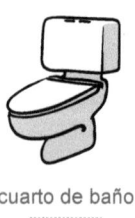

cuarto de baño

de Tante Meier

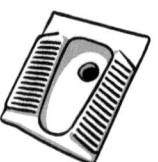

placa turca

de Hockklo

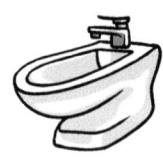

bidé

dat Bidet

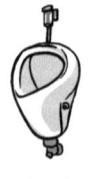

urinario

dat Miegbecken

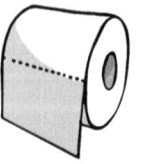

papel higiénico

dat Klopapeer

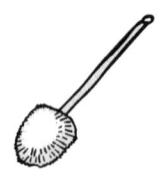

escobilla para el cuarto de baño

de Kloböst

cepillo de dientes

de Tähnböst

pasta dentífrica

de Tähnpast

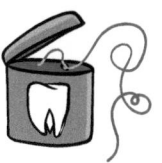

seda dental

de Tähnsied

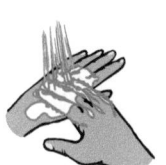

lavar

waschen

ducha teléfono

de Handbruus

ducha higiénica

de Intimbruus

cuenco

de Waschschöttel

cepillo para la espalda

de Rüchböst

jabón

de Seep

gel de ducha

dat Bruusgeel

champú

dat Hoorwaschmiddel

manopla para baño

de Waschlappen

desagüe

de Afloop

crema

de Creme

desodorante

dat Deodorant

espejo

de Spegel

espejo de maquillaje

de Kosmetikspegel

máquina de afeitar

de Raserer

espuma de afeitar

de Raseerschuum

loción para después del
afeitado

dat Raseerwater

peine

de Kamm

cepillo

de Böst

secador para cabello

de Hoordröger

laca de peinado

dat Hoorspray

maquillaje

de Smink

lápiz labial

de Lippensticken

laca para uñas

de Nagellack

algodón

de Watt

tijera para uñas

de Nagelscheer

perfume

dat Rüükwater

neceser
....
de Kulturbüdel

taburete
....
de Schemel

balanza
....
de Waag

bata de baño
....
de Baadmantel

guantes de goma
....
de Gummihanschen

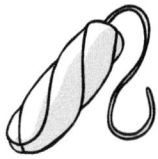

tampón
....
de Tampon

compresa
....
de Damenbinn

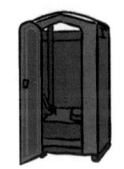

wáter químico
....
dat Chemieklo

cuarto de los niños

de Kinnerstuuv

despertador
de Wecker
animal de peluche
dat Knudeldeert
auto de juguete
dat Speeltüüchauto
sonajero
de Klöter
casa de muñecas
dat Poppenhuus
obsequio
dat Geschenk

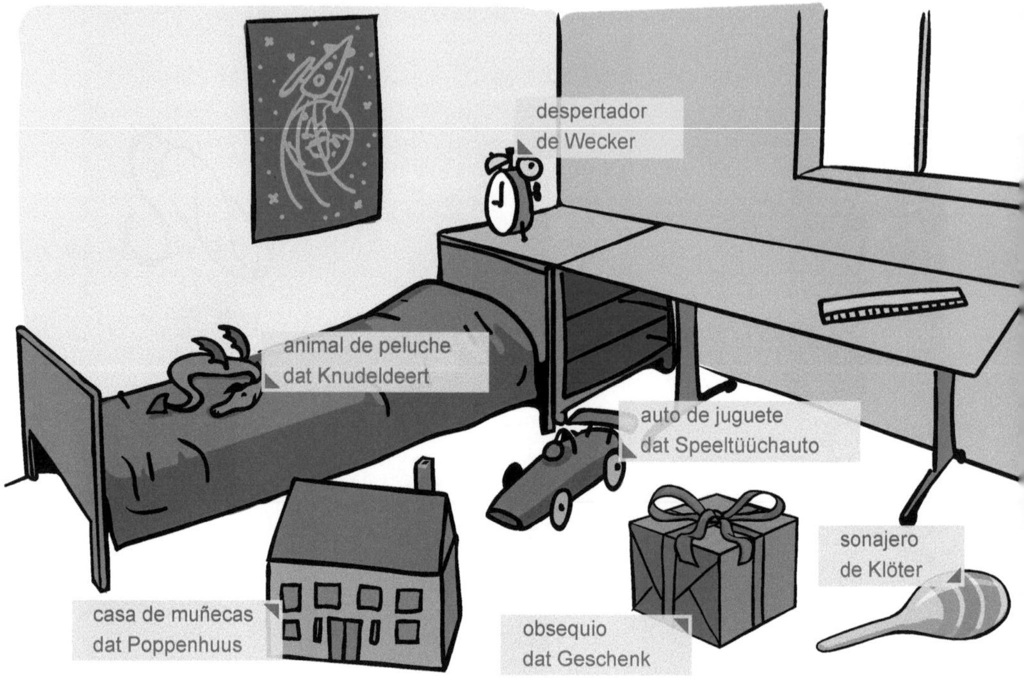

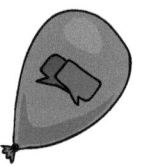

globo

de Luftballon

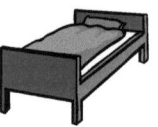

cama

de Puuch

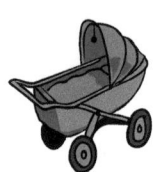

cochecito para niños

de Kinnerwagen

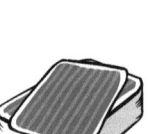

juego de barajas

dat Koortenspeel

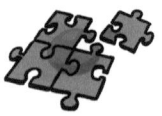

rompecabezas

dat Puzzle

SUPER
MEGA

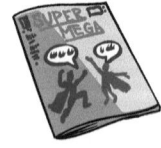

cómic

de Billergeschicht

piezas de Lego
de Legostenen

bloques para jugar
de Bustenen

figura de acción
de Action-Figur

pijama de una pieza
de Strampelantog

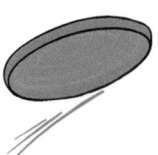

frisbee
de Frisbeeschiev

móvil
dat Mobile

juego de mesa
dat Brettspeel

dado
de Wörpel

tren eléctrico a escala
de Modelliesenbahn

chupete
de Snuller

fiesta
de Party

libro de dibujos
dat Billerbook

pelota
de Ball

títere
de Popp

jugar
spelen

arenero
de Sandkassen

columpio
de Schuckel

juguetes
dat Speeltüüch

consola de videojuego
de Speelkonsool

triciclo
dat Dreerad

osito de peluche
de Teddyboor

guardarropa
dat Klederschapp

vestimenta
dat Tüüch

calcetines
de Socken

medias
de Strümp

panti
de Strumpbüx

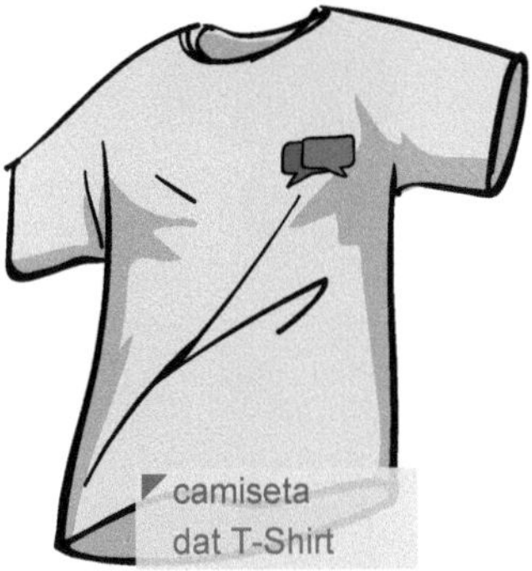

chal
dat Halsdook

cinturón
de Liefreem

paraguas
de Paraplü

camiseta
dat T-Shirt

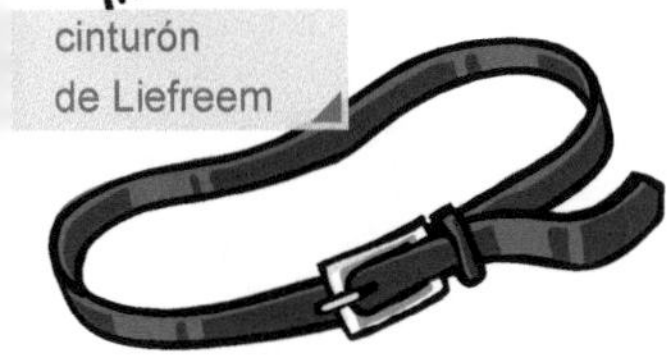

deportivas
de Turnschoh

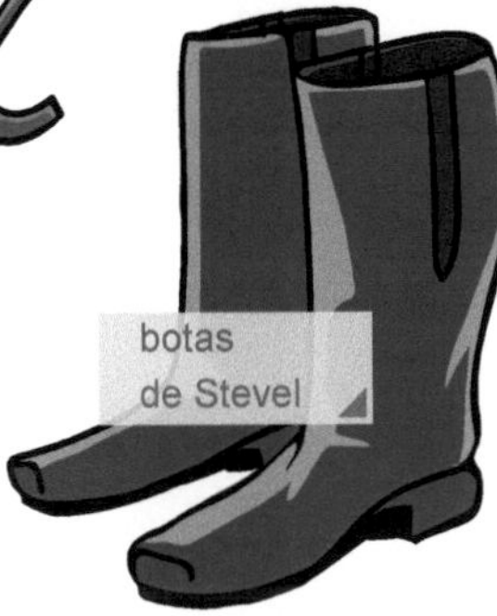

botas
de Stevel

zapatilla
de Puuschen

sandalias
de Sandalen

zapatos
de Schoh

botas de goma
de Gummistevel

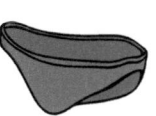

ropa interior
de Ünnerbüx

corpiño
de Bostholler

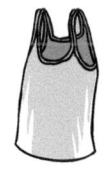

camiseta
dat Ünnerhemd

body
....
de Lief

pantalón
....
de Büx

jeans
....
de Jeansnüx

falda
....
de Rock

blusa
....
de Bluus

camisa
....
dat Hemd

pullover
....
de Pullover

sweater
....
de Kapuzenpullover

blazer
....
de Blazer

chaqueta
....
de Jack

abrigo
....
de Mantel

impermeable
....
de Övertrecker

traje chaqueta
....
dat Kostüm

vestido
....
dat Kleed

vestido de bodas
....
dat Hochtietskleed

traje
de Antog

camisón
dat Nachtkleed

pijama
de Slaapantog

sari
de Sari

pañuelo de cabeza
dat Koppdook

turbante
de Turban

burka
de Burka

caftán
de Kaftan

abaya
de Abaya

traje de baño
de Baadantog

bañador
de Baadbüx

shorts
de Korte Büx

chándal
de Antog to'n Öven

delantal
de Schört

guante
de Handschoh

botón

de Knopp

gafa

de Brill

brazalete

dat Armband

cadena

de Halskeed

anillo

de Ring

aro

de Ohrbummel

gorra

de Mütz

percha

de Klederbögel

sombrero

de Hoot

corbata

de Binner

cierre a cremallera

de Rietslüter

casco

de Helm

tiradores

dat Drachtband

uniforme escolar

de Schooluniform

uniforme

de Uniform

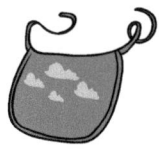

babero

de Severböten

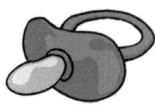

chupete

de Snuller

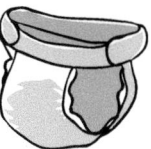

pañal

de Winnel

oficina
dat Büro

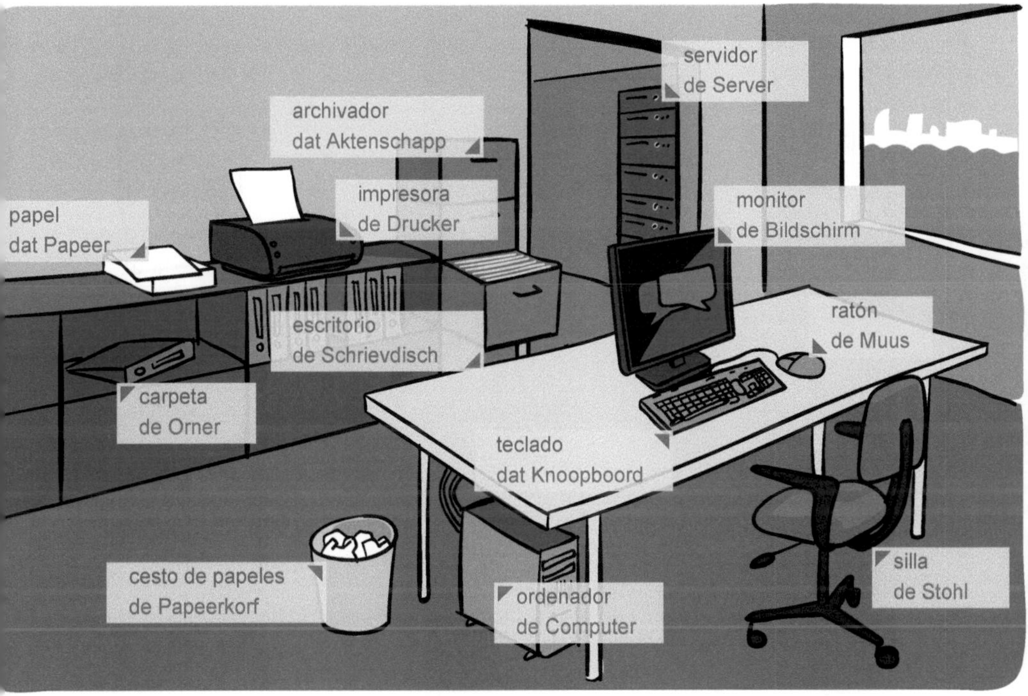
servidor
de Server
archivador
dat Aktenschapp
impresora
de Drucker
papel
dat Papeer
monitor
de Bildschirm
ratón
de Muus
escritorio
de Schrievdisch
carpeta
de Orner
teclado
dat Knoopboord
cesto de papeles
de Papeerkorf
ordenador
de Computer
silla
de Stohl

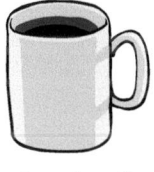

taza de café

de Koffiebeker

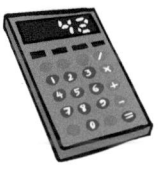

calculadora

de Taschenreekner

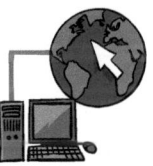

internet

dat Internet

laptop
de Klappreekner

carta
de Breef

mensaje
de Naricht

teléfono móvil
de Ackersnacker

red
dat Nettwark

fotocopiadora
de Kopeerapparat

software
de Software

teléfono
de Klöönkassen

tomacorriente
de Steekdoos

máquina de fax
de Faxapparat

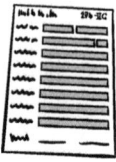

formulario
dat Formulor

documento
dat Dokument

comprar
köpen

pagar
betahlen

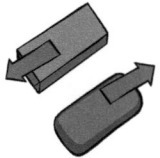

comerciar
hanneln

dinero
dat Geld

dólar
de Dollar

euro
de Euro

yen
de Yen

rublo
de Ruvel

franco
de Swiezer Franken

renminbi
de Renminbi Yuan

rupia
de Rupie

cajero automático
de Geldautomat

casa de cambio
de Wesselstuuv

oro
dat Gold

plata
dat Sülver

petróleo
dat Ööl

energía
de Energie

precio
de Pries

contrato
de Verdrag

impuesto
de Stüer

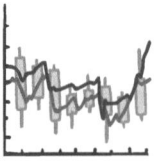

acción
de Andeelschien

trabajar
arbeiden

empleado
de Anstellte

empleador
de Arbeitgever

fábrica
de Fabrik

negocio
de Hökerie

ocupaciones
de Profeschonen

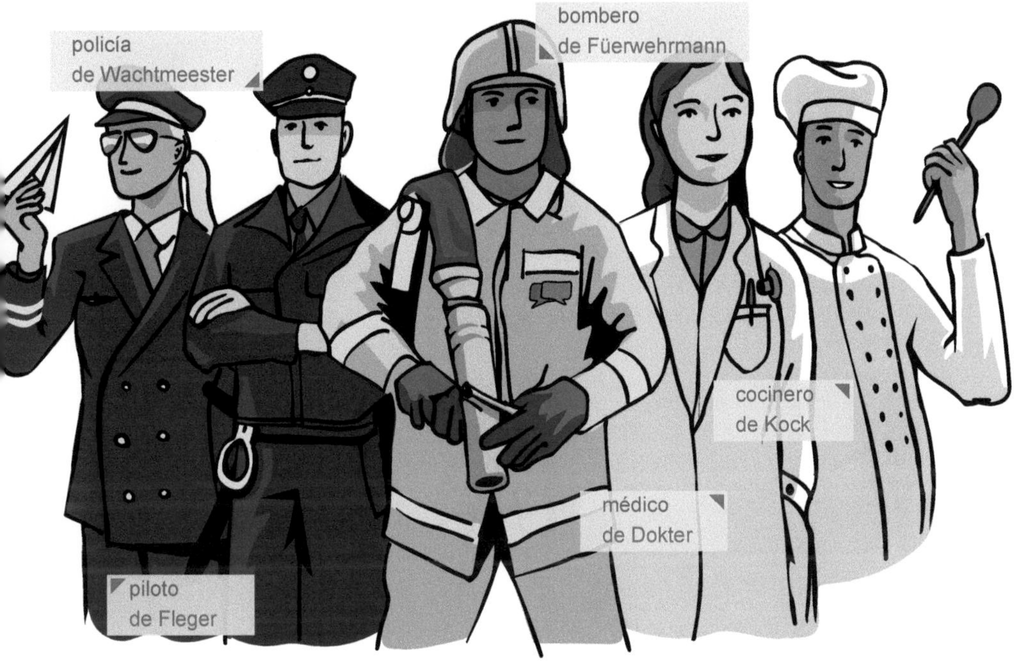
policía
de Wachtmeester
bombero
de Füerwehrmann
cocinero
de Kock
médico
de Dokter
piloto
de Fleger

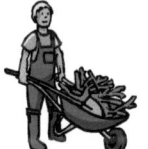

jardinero

de Goorner

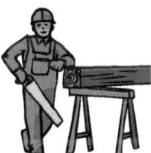

carpintero

de Discher

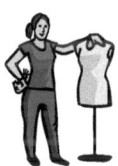

costurera

de Neihersche

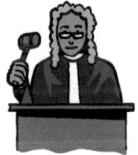

juez

de Richter

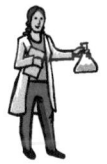

químico

de Chemiker

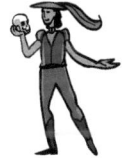

actor

de Schauspeler

conductor de autobús

de Busfohrer

taxista

de Taxifohrer

pescador

de Fischer

mujer de la limpieza

de Reinmaakfru

techista

de Dackdecker

camarero

de Kellner

cazador

de Jäger

pintor

de Maler

panadero

de Bäcker

electricista

de Elektriker

albañil

de Buarbeider

ingeniero

de Ingenieur

carnicero

de Slachter

fontanero

de Klempner

cartero

de Postbüdel

soldado

de Suldat

arquitecto

de Architekt

cajero

de Kasserer

florista

de Florist

peluquero

de Putzbüdel

cobrador

de Schaffner

mecánico

de Mechaniker

capitán

de Kaptein

odontólogo

de Tähndokter

científico

de Wetenschopler

rabino

de Rabbi

imam

de Imam

monje

de Mönk

párroco

de Paap

herramientas
dat Warktüüch

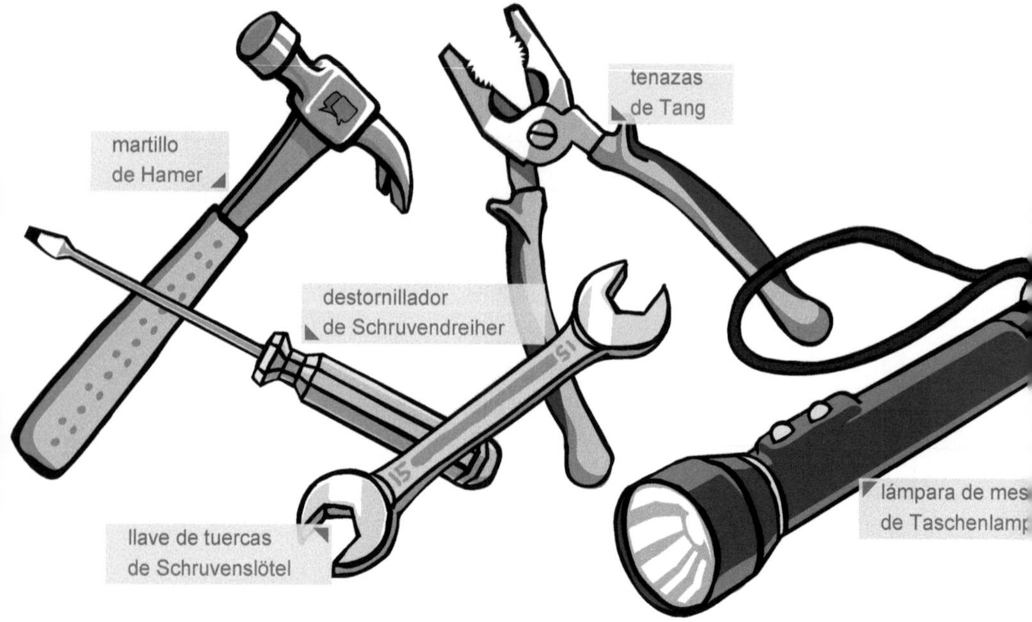
martillo
de Hamer
tenazas
de Tang
destornillador
de Schruvendreiher
llave de tuercas
de Schruvenslötel
lámpara de mes
de Taschenlam

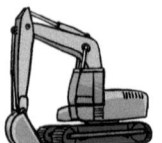

excavadora

de Grieper

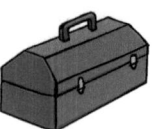

caja de herramientas

de Warktüüchkassen

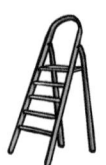

escalerilla

de Ledder

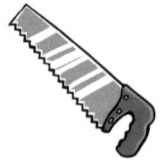

serrucho

de Saag

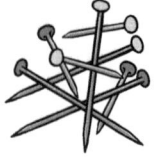

clavos

de Nagels

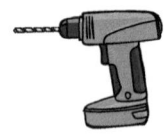

taladro

de Bohrer

reparar
heelmaken

pala
de Schüffel

¡Maldición!
Schiet!

recogedor
dat Kehrblick

lata de pintura
de Farvpott

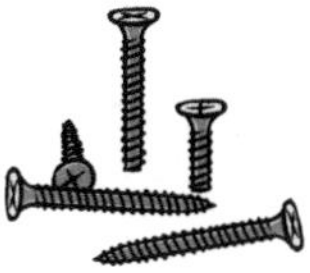

tornillos
de Schruven

instrumentos musicales
de Musikinstrumenten

altavoz
de Luutsnacker

batería
dat Slagtüüch

guitarra
de Rietfiedel

contrabajo
de Bass-Vigelien

trompeta
de Trumpeet

piano

dat Klaveer

violín

de Vigelien

bajo

de Bass

timbales

de Pauk

tambor

de Trummeln

teclado

dat Keyboard

saxofón

dat Saxophon

flauta

de Fleut

micrófono

dat Mikrofoon

zoológico
de Deertenpark

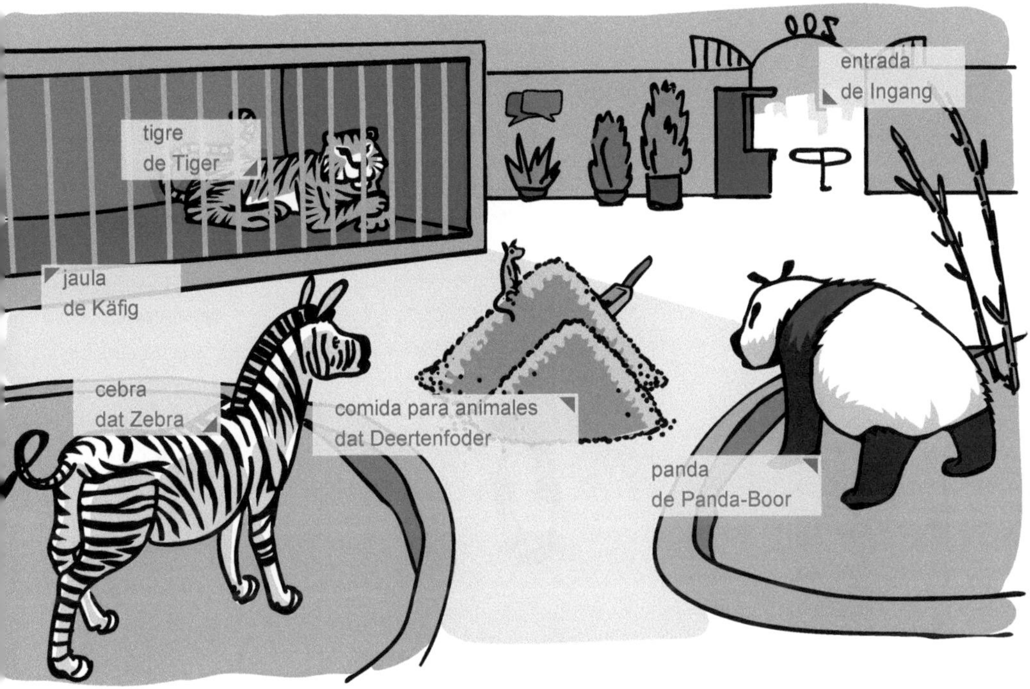

entrada
de Ingang
tigre
de Tiger
jaula
de Käfig
cebra
dat Zebra
comida para animales
dat Deertenfoder
panda
de Panda-Boor

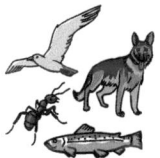

animales
de Deerten

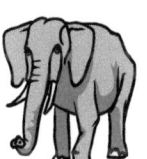

elefante
de Elefant

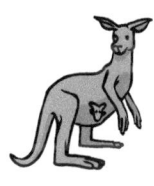

canguro
dat Känguru

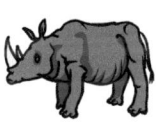

rinoceronte
dat Neeshoorn

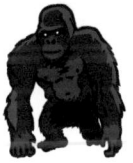

gorila
de Gorilla

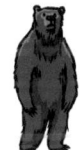

oso
de Boor

camello

dat Kameel

avestruz

de Struuß

león

de Lööv

mono

de Aap

flamengo

de Flamingo

papagayo

de Papagoi

oso polar

de lesboor

pingüino

de Pinguin

tiburón

de Haifisch

pavo real

de Pageluun

serpiente

de Slang

cocodrilo

dat Krokodil

cuidador del zoológico

de Oppasser in'n
Deertenpark

foca

de Saalhund

jaguar

de Jaguor

pony
dat Pony

leopardo
de Leopard

hipopótamo
dat Nilpeerd

jirafa
de Giraff

águila
de Aadler

jabalí
dat Wildswien

pescado
de Fisch

tortuga
de Schildkrööt

morsa
dat Walross

zorro
de Voss

gacela
de Gazell

fútbol americano
de Amerikaansch Football

ciclismo
dat Radfohren

tenis
dat Tennis

baloncesto
de Korfball

natación
dat Swümmen

boxeo
dat Boxen

hockey sobre hielo
dat Ieshockey

fútbol
de Football

badminton
dat Fedderball

atletismo
de Leichtathletik

balonmano
de Handball

esquí
dat Skilopen

polo
dat Polo

actividades
de Aktivitäten

saltar
springen
abrazar
ümarmen
reír
lachen
caminar
gahn
cantar
singen
soñar
drömen
rezar
beden
besar
snuteln

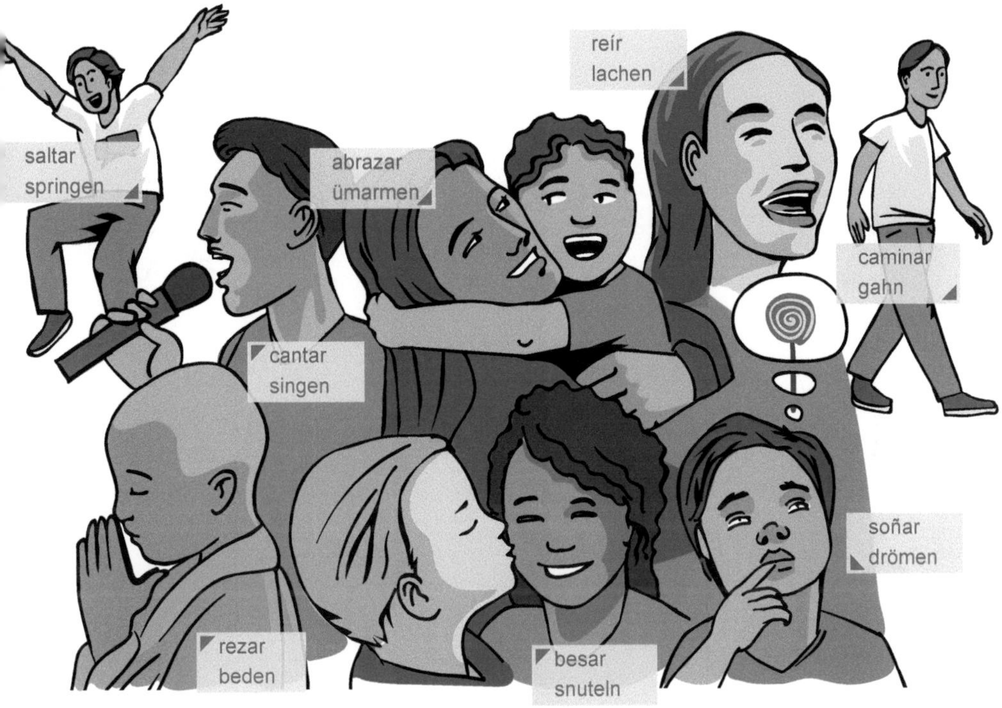

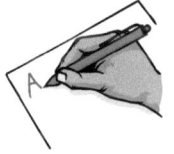

escribir
schrieven

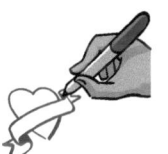

dibujar
teken

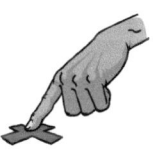

mostrar
wiesen

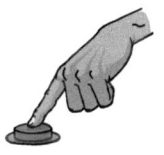

presionar
drücken

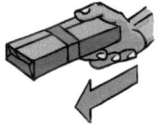

dar
geven

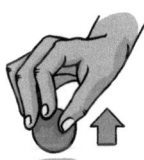

tomar
nehmen

tener

hebben

hacer

doon

ser

sien

estar de pie

stahn

correr

lopen

tirar

trecken

arrojar

smieten

caer

fallen

estar acostado

liggen

esperar

töven

llevar

dregen

estar sentado

sitten

vestirse

antrecken

dormir

slapen

despertar

opwaken

mirar
....
ankieken

llorar
....
wenen

acariciar
....
eien

peinarse
....
kämmen

conversar
....
snacken

entender
....
verstahn

preguntar
....
fragen

oír
....
hören

beber
....
drinken

comer
....
eten

asear
....
oprümen

amar
....
leefhebben

cocinar
....
kaken

conducir
....
fohren

volar
....
flegen

navegar	calcular	leer
segeln	reken	lesen

aprender	trabajar	casarse
lehren	arbeiden	de Plünnen tohoopsmieten
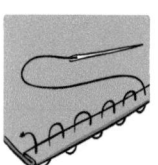	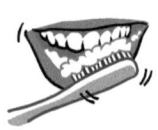	
coser	limpiarse los dientes	matar
neihen	Tähnen putzen	dootmaken
	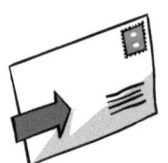	
fumar	enviar	
smöken	schicken	

familia

de Familje

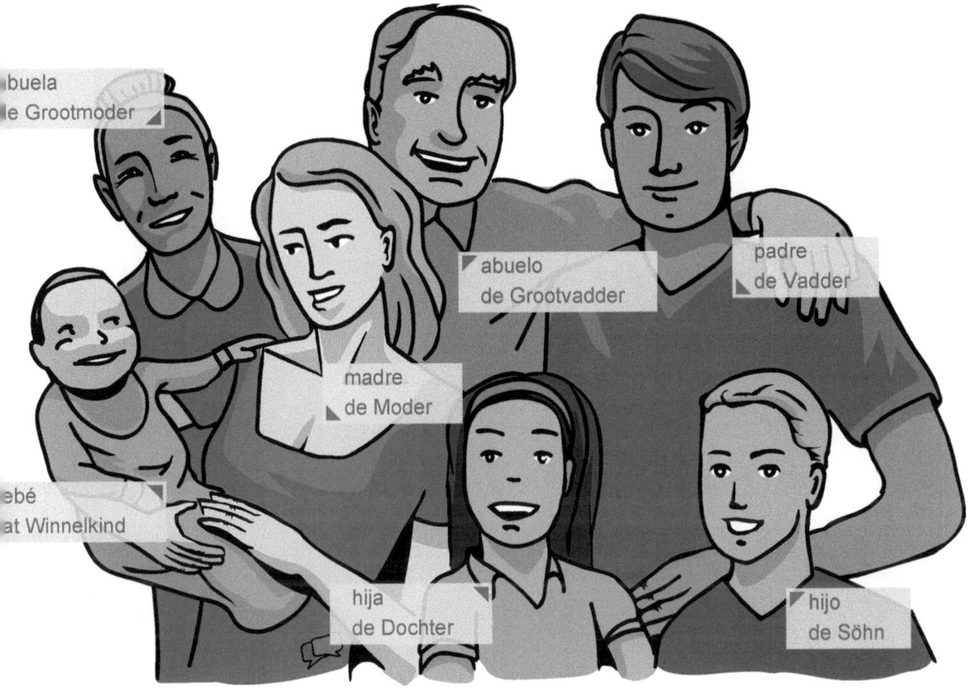

buela
e Grootmoder
abuelo
de Grootvadder
padre
de Vadder
madre
de Moder
ebé
at Winnelkind
hija
de Dochter
hijo
de Söhn

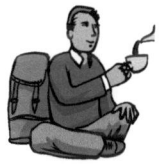

invitado

de Gast

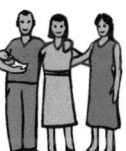

tía

de Tant

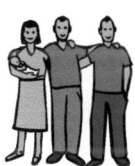

tío

de Unkel

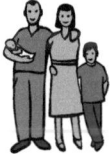

hermano

de Broder

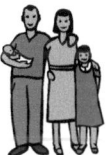

hermana

de Süster

cuerpo
de Lief

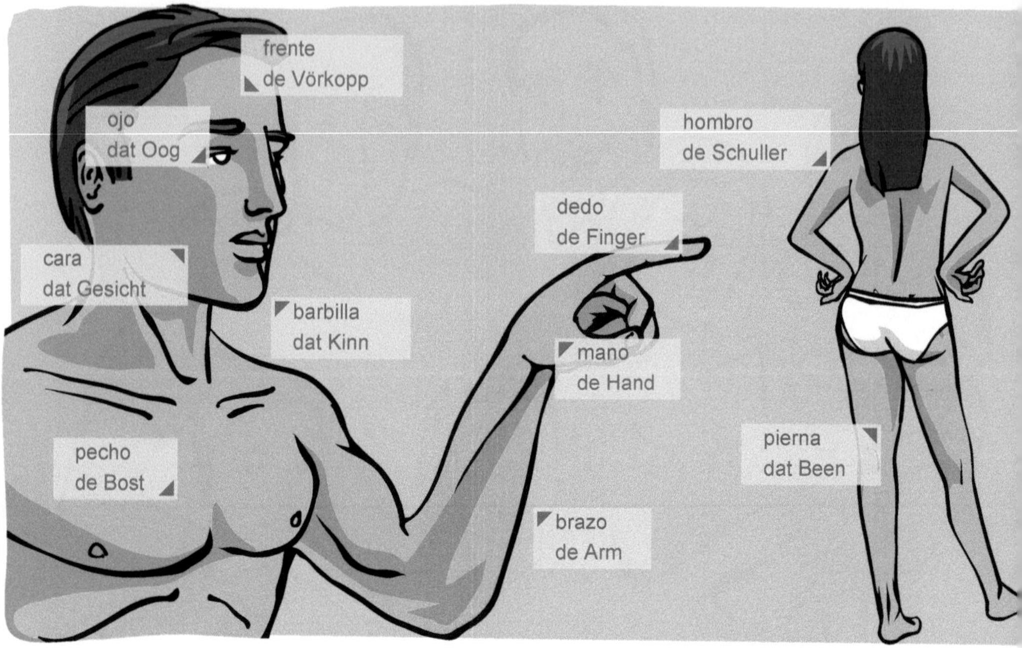

frente
de Vörkopp

ojo
dat Oog

cara
dat Gesicht

barbilla
dat Kinn

pecho
de Bost

hombro
de Schuller

dedo
de Finger

mano
de Hand

pierna
dat Been

brazo
de Arm

bebé
dat Winnelkind

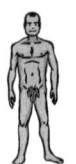

hombre
de Mann

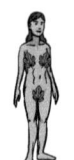

mujer
de Fro

muchacha
de Deern

joven
de Jung

cabeza
de Arm

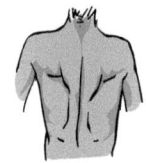

espalda
....
de Rüch

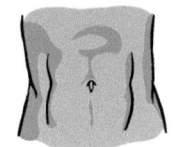

vientre
....
de Buuk

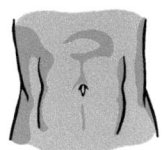

ombligo
....
de Navel

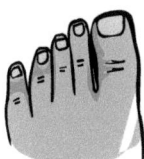

dedo del pie
....
de Teh

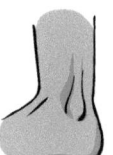

talón
....
de Hack

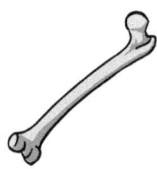

hueso
....
de Knaken

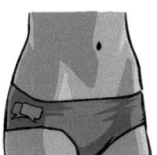

cadera
....
de Hüft

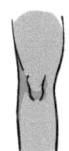

rodilla
....
dat Knee

codo
....
de Ellbagen

nariz
....
de Nees

trasero
....
de Achtersen

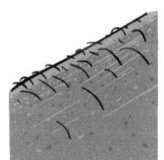

piel
....
de Huut

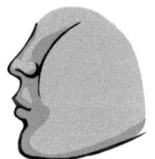

mejilla
....
de Back

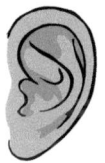

oreja
....
dat Ohr

labio
....
de Lipp

boca

de Mund

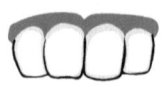

diente

de Tähn

lengua

de Tung

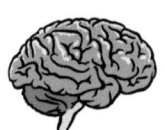

cerebro

de Bregen

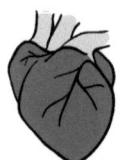

corazón

dat Hart

músculo

de Muskel

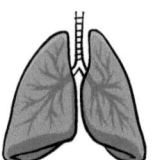

pulmón

de Lung

hígado

de Lever

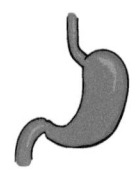

estómago

de Maag

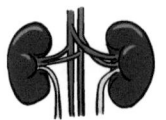

riñones

de Neren

relación sexual

de Bislaap

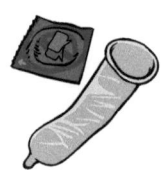

condón

dat Kondoom

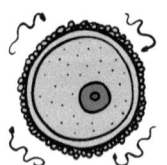

Óvulo

de Eizell

esperma

dat Sperma

embarazo

de Anner Ümstänn

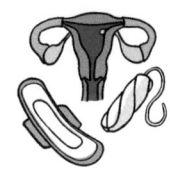

menstruación
de Menstruatschoon

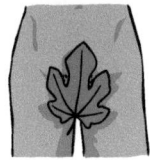

vagina
de Scheed

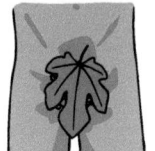

pene
de Pint

ceja
de Ogenbroe

cabello
dat Hoor

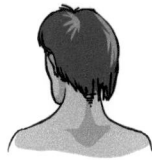

cuello
de Hals

hospital

dat Krankenhuus

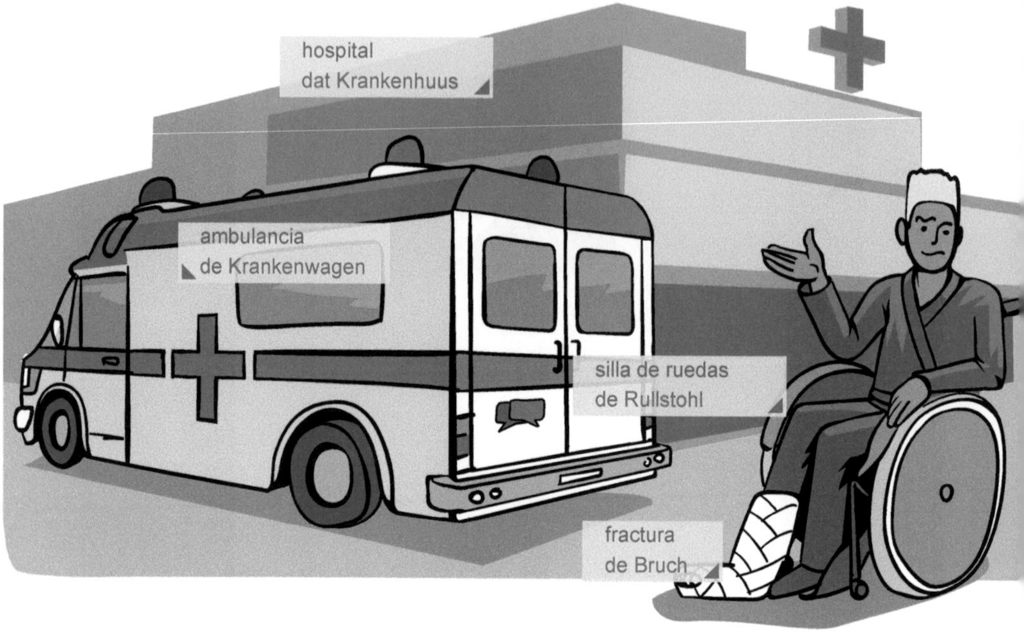

hospital
dat Krankenhuus
ambulancia
de Krankenwagen
silla de ruedas
de Rullstohl
fractura
de Bruch

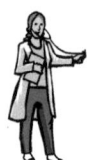

médico
de Dokter

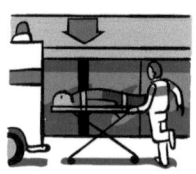

admisión de urgencia
de Nootopnahm

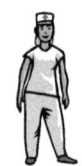

enfermera
de Krankensüster

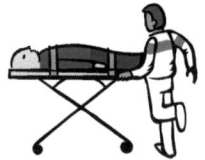

emergencia
de Nootfall

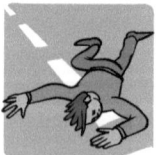

inconsciente
ahnmächtig

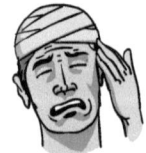

dolor
de Wehdaag

lesión

de Verwunnen

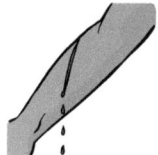

hemorragia

de Blöden

infarto de miocardio

de Hartinfarkt

apoplejía cerebral

de Slaganfall

alergia

de Allergie

tos

de Hoosten

fiebre

dat Fever

gripe

de Gripp

diarrea

de Dörchfall

dolor de cabeza

de Koppwehdaag

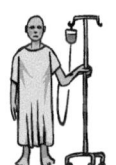

cáncer

de Kreeft

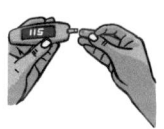

diabetes

de Zuckersüük

cirujano

de Chirurg

escalpelo

dat Chirurgsch Mess

operación

de Operatschoon

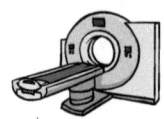

TC

dat CT

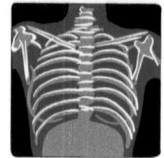

rayos X

de Dörchlüchten

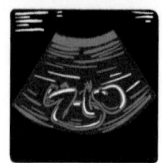

ultrasonido

de Ultraschall

máscara

de Mask

enfermedad

de Krankheit

sala de espera

de Töövruum

muleta

de Krück

emplasto

dat Plaaster

vendaje

de Verband

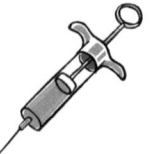

inyección

de Insprütten

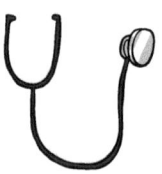

estetoscopio

dat Stethoskop

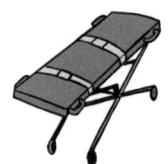

camilla

de Draag

termómetro

dat Feverthermometer

nacimiento

de Geboort

sobrepeso

dat Övergewicht

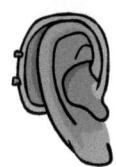

audífono

de Höörapparat

desinfectante

dat Kiemfriemiddel

infección

de Ansteken

virus

de Virus

VIH / SIDA

dat HIV / AIDS

medicina

dat Heelmiddel

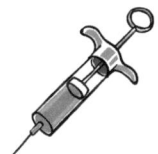

vacunación

de Impen

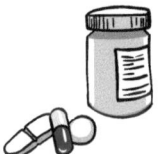

comprimido

de Tabletten

píldora anticonceptiva

de Pill

llamada de emergencia

de Nootroop

medidor de presión arterial

de Blootdruck-Meter

enfermo / saludable

krank / gesund

¡Ayuda!

Hölp!

alarma

de Alarm

asalto

de Överfall

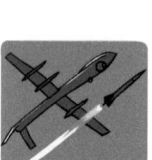

ataque

de Angreep

peligro

de Gefohr

salida de emergencia

de Nootutgang

¡Fuego!

dat Füer!

extintor

de Füerlöscher

accidente

de Unfall

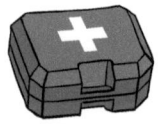

kit de primeros auxilios

de Noothölpkoffer

SOS

SOS

Policía

de Polizei

Europa

Europa

América del Norte

Noordamerika

América del Sur

Süüdamerika

África

Afrika

Asia

Asien

Australia

Australien

Atlántico

de Atlantik

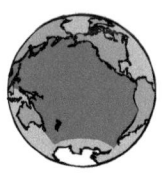

Pacífico

de Pazifik

Océano Índico

dat Indisch Weltmeer

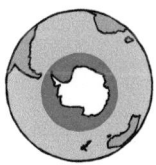

Océano Antártico

dat Antarktisch Weltmeer

Océano Ártico

dat Arktisch Weltmeer

Polo Norte

de Noordpol

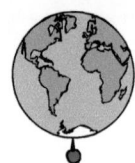

Polo Sur

de Süüdpol

Antártida

de Antarktis

Tierra

de Eerd

país

dat Land

mar

de See

isla

dat Eiland

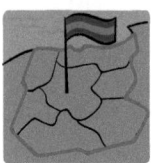

nación

de Natschoon

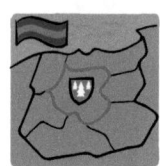

Estado

de Staat

cuadrante

dat Tallenblatt

horario

de Stunnenwieser

minutero

de Minutenwieser

segundero

de Sekunnenwieser

¿Qué hora es?

Wo laat is dat?

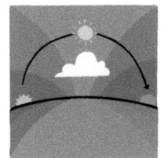

día

de Dag

tiempo

de Tiet

ahora

nu

reloj digital

de digetaalsch Klock

minuto

de Minuut

hora

de Stunn

semana
de Week

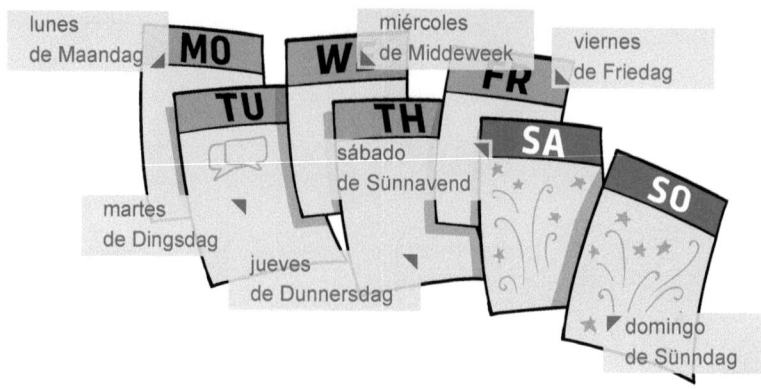

lunes
de Maandag

miércoles
de Middeweek

viernes
de Friedag

martes
de Dingsdag

jueves
de Dunnersdag

sábado
de Sünnavend

domingo
de Sünndag

ayer

güstern

hoy

hüüt

mañana

morgen

mañana

de Morgen

mediodía

de Meddag

tarde

de Avend

jornada de trabajo

de Arbeitsdaag

fin de semana

dat Wekenenn

año

dat Johr

lluvia
de Regen
arco iris
de Regenbagen
nieve
de Snee
viento
de Wind
primavera
dat Fröhjohr
otoño
de Harvst
verano
de Sommer
invierno
de Winter

4.APRIL 11°
5.APRIL 4°
6.APRIL 13°
7.APRIL 8°
8.APRIL 10°

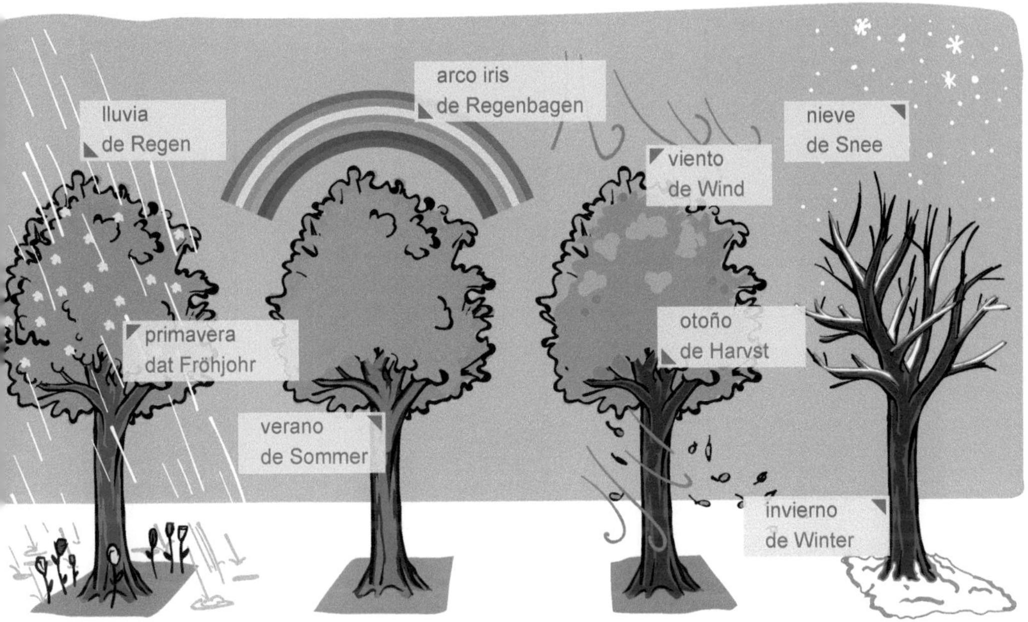

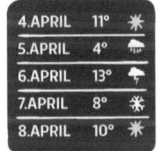

pronóstico meteorológico

de Wedervörhersaag

F C
120 90 60 30 0 -30
40 30 20 10 0 -10 -20

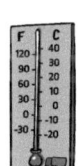

termómetro

dat Thermometer

luz solar

de Sünnenschien

nube

de Wulk

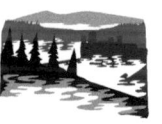

niebla

de Nevel

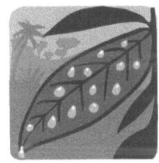

humedad ambiente

de Luftfuchtigkeit

relámpago

de Blitz

trueno

de Dunner

tormenta

de Storm

granizo

de Hagel

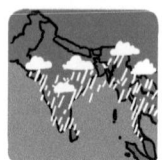

monzón

de Monsun

inundación

de Floot

hielo

dat Ies

enero

de Januormaand

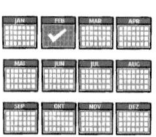

febrero

de Februormaand

marzo

de Martmaand

abril

de Aprilmaand

mayo

de Maimaand

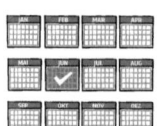

junio

de Junimaand

julio

de Julimaand

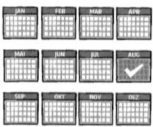

agosto

de Augustmaand

año - dat Johr

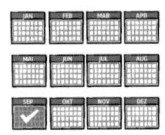

septiembre

de Septembermaand

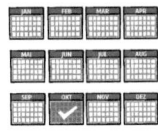

octubre

de Oktobermaand

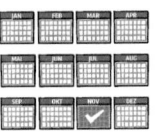

noviembre

de Novembermaand

diciembre

de Dezembermaand

formas

de Formen

círculo

de Krink

cuadrado

dat Quadrat

rectángulo

dat Rechteck

triángulo

dat Dreeeck

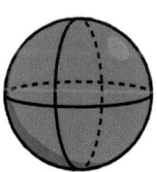

esfera

de Kugel

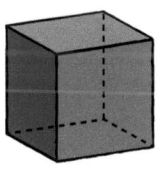

cubo

de Wörpel

blanco

witt

amarillo

geel

anaranjado

orangsch

rosa

pink

rojo

root

lila

lila

azul

blau

verde

gröön

marrón

bruun

gris

gries

negro

swart

mucho / poco

veel / wenig

enojado / calmado

böös / verdreeglich

bonito / feo

smuck / mies

comienzo / fin

de Begünn / dat Enn

grande / pequeño

groot / lütt

claro / oscuro

hell / düüster

hermano / hermana

de Broder / de Süster

limpio / sucio

schier / schietig

completo / incompleto

kumpleet / nich kumpleet

día / noche

de Dag / de Nacht

muerto / vivo

doot / lebennig

ancho / angosto

breet / small

disfrutable / no disfrutable

geneetbor / nich geneetbor

malo / amigable

böös / fründlich

excitado / aburrido

fickerig / langwielt

gordo / delgado

dick / dünn

primero / último

toeerst / toletzt

amigo / enemigo

de Fründ / de Fiend

lleno / vacío

vull / leddig

duro / suave

hart / week

pesado / liviano

swoor / licht

hambre / sed

de Smacht / de Döst

enfermo / saludable

krank / gesund

ilegal / legal

nich na't Recht / na't Recht

inteligente / tonto

klook / dummerhaftig

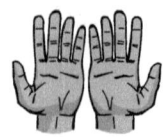

izquierda / derecha

linkerhand / rechterhand

cercano / lejano

neeg / feern

nuevo / usado

nieg / bruukt

nada / algo

nix / wat

viejo / joven

oolt / jung

encendido / apagado

an / ut

abierto / cerrado

apen / slaten

bajo / fuerte

lies / luut

rico / pobre

riek / arm

correcto / incorrecto

richtig / verkehrt

áspero / liso

ruug / glatt

triste / alegre

trurig / glücklich

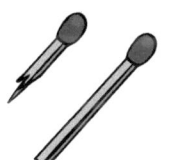

breve / extenso

kort / lang

lento / veloz

suutje / flink

mojado / seco

natt / dröög

caliente / frío

warm / köhl

guerra / paz

de Krieg / de Freden

números

de Tallen

0

cero
null

1

uno
een

2

dos
twee

3

tres
dree

4

cuatro
veer

5

cinco
fief

6

seis
söss

7

siete
söven

8

ocho
acht

9

nueve
negen

10

diez
teihn

11

once
ölven

12

doce
twölf

13

trece
dörteihn

14

catorce
veerteihn

15

quince
föffteihn

16

dieciséis
sössteihn

17

diecisiete
söventeihn

18

dieciocho
achtteihn

19

diecinueve
negenteihn

20

veinte
twintig

100

cien
hunnert

1.000

mil
dusend

1.000.000

millón
million

de Spraken

inglés

dat Engelsch

inglés estadounidense

dat Amerikaansch Engelsch

chino mandarín

dat Chineesch Mandarin

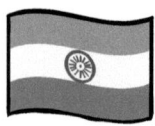

hindi

dat Hindi

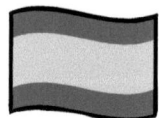

español

dat Spaansch

francés

dat Franzöösch

árabe

dat Araabsch

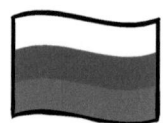

ruso

dat Rusch

portugués

dat Portugiesch

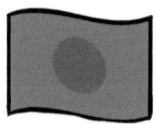

bengalí

dat Bengaalsch

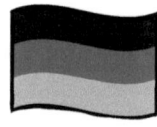

alemán

dat Düütsch

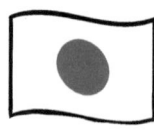

japonés

dat Japaansch

yo

ik

tú

du

él / ella

he / se / dat

nosotros

wi

vosotros

ji

ellos

se

¿quién?

keen?

¿qué?

wat?

¿cómo?

woans?

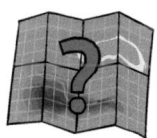

¿dónde?

woneem?

¿cuándo?

wannehr?

nombre

de Naam

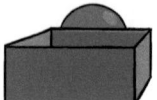

detrás

achter

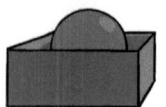

en

in

delante de

vör

encima de

över

sobre

op

debajo de

ünner

junto a

blangen

entre

twüschen

lugar

de Oort